Début d'une série de documents
en couleur

INSTITUT DE FRANCE

ACADÉMIE DES SCIENCES MORALES ET POLITIQUES

RAPPORT

SUR

L'ASSISTANCE PUBLIQUE

DANS LES CAMPAGNES

(PRIX BEAUJOUR)

PAR

M. GEORGES PICOT

MEMBRE DE L'INSTITUT

(27 octobre 1888)

PARIS

ALPHONSE PICARD, ÉDITEUR

82, RUE BONAPARTE, 82

1888

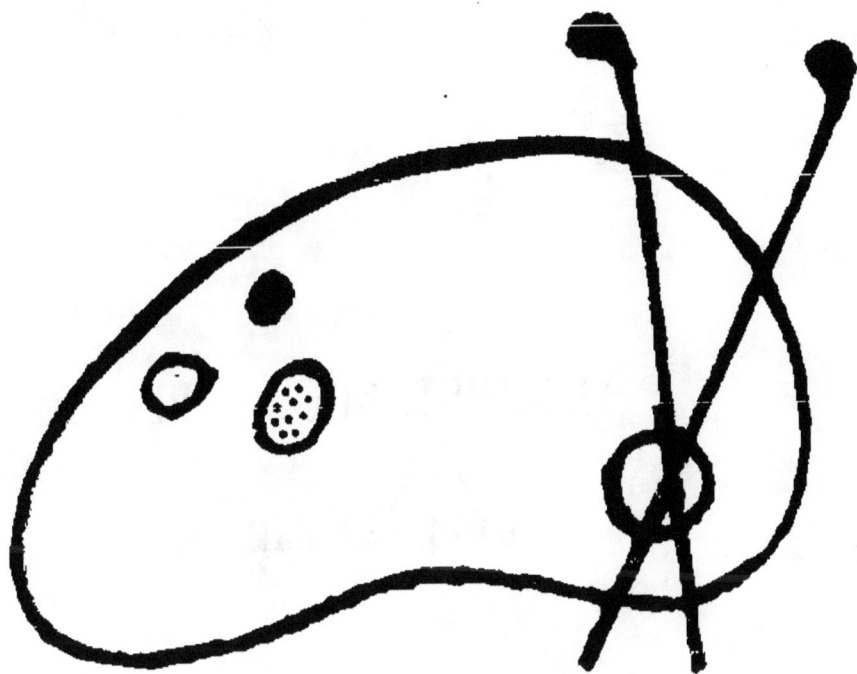

Fin d'une série de documents
en couleur

L'ASSISTANCE PUBLIQUE

DANS LES CAMPAGNES

EXTRAIT DU COMPTE RENDU
De l'Académie des Sciences morales et politiques
(INSTITUT DE FRANCE)

Par M. Ch. VERGÉ

Sous la direction de M. le Secrétaire perpétuel de l'Académie

----

INSTITUT DE FRANCE

ACADÉMIE DES SCIENCES MORALES ET POLITIQUES

RAPPORT

SUR

L'ASSISTANCE PUBLIQUE

DANS LES CAMPAGNES

(PRIX BEAUJOUR)

PAR

M. GEORGES PICOT

MEMBRE DE L'INSTITUT

(27 octobre 1888)

PARIS

ALPHONSE PICARD, ÉDITEUR

82, RUE BONAPARTE, 82

1888

PRIX QUINQUENNAL

FONDÉ PAR LE BARON DE BEAUJOUR

———

MESSIEURS,

La fondation que nous devons aux libéralités de M. le baron Félix de Beaujour nous permet d'étudier périodiquement sous ses différents aspects le problème toujours nouveau de la misère. Ne craignez pas que nous nous lassions de l'examiner, car il touche à toutes les questions sociales, et il est étroitement mêlé aux préoccupations les plus vives de l'Académie des sciences morales et politiques.

Comment la vue des souffrances de tous genres que le besoin impose à l'homme et sous le poids desquelles plie sa volonté n'appellerait-elle pas les méditations du philosophe? Comment le moraliste ne chercherait-il pas à mesurer l'influence de l'indigence sur les passions et ne ferait-il pas des efforts pour en tarir la source? N'entrons-nous pas dans le domaine de l'économiste lorsque nous nous appliquons à connaître les lois qui président à la distribution des richesses et à décrire les maux qui placent près de l'aisance de si profondes détresses ? Les rapports entre les hommes d'où dérivent les lois, l'organisation de la propriété, les règles qui assurent son acquisition ou sa perte, n'ont-elles pas une relation directe avec l'accroissement ou la diminution de l'indigence, et est-il possible que le jurisconsulte y demeure indifférent ? Enfin l'historien qui doit s'inquiéter de tout ce qui intéresse les sociétés humaines, peut-il sans déserter son rôle, faire abstraction des souffrances qui aigrissent les classes inférieures, préparent les haines, soulèvent les masses et les précipitent à l'assaut de la richesse et du bonheur? Peut-il analyser les causes d'une révolution sans mesurer, avec les misères qui l'ont précédée, les maux qui trop souvent l'expliquent?

Anciens sujets
mis
au concours.
Ainsi l'étude de l'homme au sein de la société nous ramène sans cesse vers ce foyer de passions et de souffrances que nous cherchons toujours à éteindre sans y parvenir jamais. Depuis que le prix Beaujour est fondé, l'Académie a tour à tour prescrit aux concurrents de rechercher les causes qui enfantent la misère, de découvrir les remèdes qui pourraient la soulager, soit en s'efforçant d'extirper les vices qui la produisent comme l'intempérance. soit en développant l'esprit de famille, l'instruction ou l'éducation, soit en recourant aux associations volontaires et privées, ou aux institutions de crédit pour relever, à l'aide de l'épargne et de la prévoyance, le niveau moral et matériel de l'indigent.

L'Académie a voulu cette fois examiner un des aspects

les plus négligés du problème. Fière à juste titre, des savants
travaux d'un de ses membres, elle a fixé son attention sur
la classe rurale dont le sort, en nos différentes provinces,
est depuis dix ans l'objet de monographies aussi précises
qu'attachantes. Elle s'est demandé quelle a été dans les
lois d'assistance, depuis un siècle, la part faite aux campagnes, quel était dans le passé et quel est exactement
dans le présent le sort de l'indigent dans les villages, et
enfin, quelles réformes raisonnables et pratiques peut sug-
gérer cet examen.

Sujet actuel

Huit concurrents ont répondu à l'appel de l'Académie.
Les membres de la Commission que vous avez nommée ont
dû lire plus de 6.600 pages de tous les formats et de toutes
les écritures et ils n'hésitent pas à charger leur rapporteur de vous assurer en leur nom qu'aucun des points
importants n'a été laissé dans l'ombre. L'Académie doit
donc s'applaudir d'avoir choisi un tel sujet. C'est assurément l'un des plus brillants concours qu'elle ait eus à juger.
Malheureusement, si l'ensemble est supérieur, chaque
mémoire a des taches ou des lacunes qui obligent la Commission à vous proposer de ne pas décerner le prix et de
donner plusieurs récompenses. Il lui est permis d'espérer
que les recherches qu'elle a provoquées produiront des
résultats féconds ; si quelques idées fausses sont réfutées,
quelques préjugés détruits, des notions saines et pratiques
répandues, si elles pénètrent, grâce à elle, dans les esprits,
et si elles s'y établissent, elle aura remporté le plus grand
succès qu'elle puisse ambitionner : aider au progrès général en assurant le triomphe d'une idée juste.

Valeur du concours.

PRINCIPES GÉNÉRAUX

Le titre et le programme du concours marquaient clairement les limites que les concurrents ne devaient pas franchir. Il ne s'agissait pas d'écrire une histoire de l'Assistance publique en France depuis un siècle, mais de se

Indigence rurale.

placer par la pensée dans un de ces petits villages situés loin des grandes agglomérations, au sein d'un canton rural, et du fond de cette retraite, il fallait observer avec soin les faits, les grouper habilement dans le passé, les relever avec précision dans le présent et ne regarder parfois au dehors que pour rapprocher aussitôt des faits extérieurs, à l'aide de comparaisons heureuses, les maux spéciaux à l'indigence rurale qu'il s'agissait de mieux décrire afin de les mieux soulager.

S'il était aisé de comprendre le programme, il n'était pas donné à tout le monde de pouvoir y satisfaire. Celui qui

Misère des villes.

vit dans les villes a peine à s'imaginer les conditions de la vie rurale. La misère urbaine et la misère des campagnes n'ont aucun rapport. Au milieu de la foule de nos cités populeuses, l'indigent est plus isolé que s'il habitait un hameau éloigné de toute demeure. Au fond du réduit sans air où il rentre le soir, où ses enfants entassés respirent à peine, les souffrances, la maladie et la mort peuvent l'atteindre, sans que son plus proche voisin en soit instruit. Dans cette ville où tout abonde, où le luxe éclate, les privations sont plus cruelles que nulle part ailleurs. A ces maux trop réels, ajoutez l'aspect des jouissances satisfaites qui excite celui qui souffre, lui inspire l'envie, et contribue à faire naître dans les bas-fonds des grandes villes ces colères sourdes qui éclatent aux heures de crises en grondements sinistres. La misère des villes est hideuse et elle crée un péril public. Double motif pour que le philanthrope et le législateur se soient tout d'abord occupés d'elle. Elle a eu à toutes les époques le triste privilège d'attirer l'attention des gouvernants. C'est à elle qu'ont pensé tous ceux qui, dépositaires de la puissance publique, ont cherché à soulager les pauvres sous l'ancien régime. Dès que l'accroissement des villes a attiré l'attention des rois, ils ont multiplié les efforts en vue de secourir les misères urbaines. Hôtels-Dieu, hôpitaux généraux, hospices, toutes les fondations furent créées auprès des villes.

En même temps, il se produisait un déplacement de la charité. Les anciens monastères, les abbayes, les prieurés établis à la campagne avaient pendant longtemps prodigué leurs bienfaits aux populations rurales ; chargés de distribuer d'abondantes aumônes, ils avaient attiré à l'ombre des cloîtres des populations de mendiants qui avaient été parfois l'origine de riches villages ; mais à la fin du XVIII⁰ siècle, sous Louis XVI, il y avait longtemps que la situation était profondément changée. Beaucoup d'entre eux avaient été atteints ou même détruits au XVI⁰ siècle par la guerre ; d'autres étaient ruinés par une mauvaise administration, ou mis en coupe réglée par des abbés commendataires. La charité religieuse, la seule qui vînt alors en aide aux campagnes était donc moins active à la veille de la Révolution que deux cents ans auparavant. Ce serait une erreur égale d'en nier l'existence ou d'en exagérer l'action.

Inégalité
de l'assistance
rurale
avant
la Révolution.

Nous rencontrons ici les difficultés qui s'opposent à toute affirmation d'un fait, sous l'ancien régime. En tous genres, la diversité était maîtresse de la France. Or, l'esprit moderne veut généraliser. Parcourez à l'aide des vieux documents la Saintonge et l'Aunis, vous serez tenté d'affirmer qu'en 1780 les ordres religieux fort rares n'exerçaient aucune action charitable. Remontez vers le Nord, entrez en Anjou, et, à chaque pas, de Fontevrault à Solesme, vous trouverez des populations qui tiraient des abbayes, en temps de détresse, leurs secours et presque leurs subsistances. Il en était de même des châteaux : ici, le seigneur demeurait sur ses terres, vivait de la vie du paysan, s'associait à ses joies et à ses douleurs, se faisait aimer comme en Vendée ou en Bretagne, en s'efforçant de soulager ses maux ; ailleurs, il vivait à la cour, ne songeait à sa terre que pour se parer de son titre et en tirer son luxe, n'y résidait rarement et fort peu de temps que par vanité, n'y séjournait long-temps que sur un ordre du roi qui s'appelait un exil, et était représenté par un intendant dont les sévérités faisaient haïr le maître. Selon la présence ou l'absence du seigneur, les paysans étaient secourus ou abandonnés dans leur détresse.

Ainsi, rien de fixe, rien de général, rien d'organisé, comme l'entend et l'exige notre esprit absolu et adminis-tratif.

C'est au milieu de ces contrastes que la Révolution vint

apporter, avec ses plans de régénération, ses procédés de réglementation uniforme.

En toute matière, il est bon d'examiner ce qu'a voulu la Révolution, ce qu'elle a renversé et ce qu'elle a cherché à édifier. Il n'y a pas une passion qui n'ait amené une destruction et engendré un système. Que nul ne dédaigne l'histoire de ce temps. De toute étude sérieuse sur nos grandes assemblées jaillit une lumière qui doit nous servir de leçon. Sur la constitution des sociétés, sur l'organisation de la justice, sur la famille, sur les lois économiques, il semble que toutes les idées fausses et justes, absurdes et hardies, chimériques et fécondes se soient rassemblées comme en un bruyant rendez-vous. Les plus généreuses sont passées les premières, portées par l'enthousiasme ; elles ont régné un instant, puis l'ardeur s'est refroidie. Déçus de ne pouvoir briser les obstacles, les esprits naguère unis se sont divisés : les uns éclairés par l'expérience se sont calmés ; les autres se sont irrités : la foule les a suivis ; l'audace a pris peu à peu la place de la générosité. Les réformes qu'on attendait d'un élan des cœurs revêtirent un caractère plus froid et plus absolu. Coulées dans un moule, elles eurent la dureté et la précision d'une arme de guerre.

Pourquoi il faut étud tout ce qui a tenté après 178

Les projets et les lois sur la bienfaisance font ressortir mieux que toutes les autres parties de la législation l'œuvre d'amour de la Constituante, l'œuvre de fer de la Convention. Entre les sept rapports de La Rochefoucauld-Liancourt, au nom du Comité de mendicité, et les décrets inexécutables de l'an II, il y a le même constraste qu'entre l'abolition des droits féodaux proclamés dans la nuit du

Caractère de l'œuvre de la Constituant

4 août et les décrets de confiscation et de mise hors la loi.

Les membres du Comité de mendicité avaient toutes les illusions de leur temps sur l'homme, sa nature et sa condition dans la vie. Disciples de Rousseau, ils étaient convaincus que tous les maux venaient de la société, qu'en affranchissant le citoyen des abus qui l'avaient corrompu, ils lui rendraient sa pureté primitive ; comme la société elle-même avait été jadis la source de tous les maux, ils entendaient, après en avoir réformé l'institution, en tirer à la fois tous les biens. Ainsi naissait dans leur esprit cette notion de l'État, puissance prodigieuse et illimitée, capable de tout gâter comme de tout réformer, ayant jadis perdu la France, et destinée désormais, suivant eux, à rendre heureux tous les Français.

Les procès-verbaux du Comité ne sont pas parvenus jusqu'à nous ; mais nul doute n'est possible. Au début, la défiance contre les anciens modes de secours est générale ; il faut créer pour un monde nouveau des institutions nouvelles. A mesure qu'on avance, la hardiesse s'émousse. Il y a plus d'hésitation dans l'application ; mais les principes restent : il ont été proclamés : « Tout homme a droit à la subsistance. L'État paye cette dette nationale. » Le système général adopté par le Comité embrasse la vie depuis l'enfance jusqu'à la mort, se préoccupe des moindres besoins, organise tout, pourvoit à tout et établit la tutelle de la nation. Chimérique dans son immensité, cette œuvre a le mérite de comprendre dans son plan l'ensemble des misères qui atteignent l'homme. Jusqu'alors les 4/5 des malades n'étaient pas secourus : le Comité propose d'établir dans

Droit
à
la subsistance.

chaque canton un médecin payé 500 livres par an, chargé
de donner des soins et de veiller à l'hygiène. Aux pauvres
valides, s'offriront des ateliers de charité ouverts pendant
les froids ; aux incurables, l'hospice ; aux vieillards, une
pension de 120 francs dans leurs familles ou l'admission
dans un asile ; aux ouvriers, des conseils de prévoyance et
des caisses d'épargne, avec constitutions de pensions de
retraites ; aux mendiants, des dépôts de mendicité ou des
colonies au delà des mers ; aux meilleurs travailleurs,
enfin, des prix d'agriculture, des prix de vertu, et la pers-
pective de la fondation du crédit agricole.

Tels sont, dans leur ensemble, les traits principaux du
plan adopté par le Comité. S'il avait commis la faute de
proclamer le droit aux secours, il avait repoussé l'institution de la taxe des pauvres. Les constituants avaient cédé à
un entraînement généreux et irréfléchi. Ils s'arrêtèrent à
temps, et leur seul vote eut pour objet de consolider la
fortune des hôpitaux, ébranlée par l'abolition des droits
féodaux. Malheureusement, ils léguaient à leurs succes-
seurs des principes inapplicables.

L'Assemblée législative reprit le projet d'assistance nationale, et ce fut la Convention qui le traduisit en décrets
en exagérant ses dispositions jusqu'à l'impossible. La Constitution pose en principe que les secours sont une « dette
sacrée, que la société doit la subsistance aux citoyens
malheureux, soit en leur procurant du travail, soit en
assurant les moyens de subsister à ceux qui sont hors d'état
de travailler. » Le droit au secours et le droit au travail
étant proclamés, la Convention n'aurait pu être arrêtée

Œuvre
de
la Convention.

que par la détresse publique, mais aucune prodigalité ne pouvait plus hâter la ruine : le Trésor était vide. D'ailleurs, le budget de la France en pleine prospérité n'aurait pas suffi à appliquer les décrets qu'en un an la Convention promulgua. Chaque année, avec le budget annuel, devait être votée une somme suffisante pour subvenir à l'assistance nationale. Les orphelins, élevés en masse par la nation, toutes les familles ayant plus de deux enfants recevant une pension de l'État, suivant une échelle proportionnelle, les vieillards reçus de plein droit dans les asiles, une agence de secours veillant dans chaque district aux besoins des citoyens, les aumônes privées interdites sous des peines sévères, un grand livre de la bienfaisance nationale contenant le nom de tous les pauvres, et lu solennellement dans chaque chef-lieu de district lors de la Fête du malheur, en présence des vieillards présidant aux jeux de l'enfance, tels étaient les éléments du système grandiose « qui était destiné à étonner la postérité. »

Il ne fut jamais appliqué. Une fête civique eut lieu aux Tuileries pour honorer le malheur, et quand la Convention disparut il ne restait du plan qu'elle avait conçu pour « inaugurer le règne de la justice et de la vertu » que le vain souvenir de décrets dont nul ne songea à prononcer l'annulation.

Consulat. C'est le ministre Chaptal qui eut l'honneur de poser, sous le Consulat, les véritables principes. « La Société ne doit des secours qu'à ceux qui se trouvent dans l'impossibilité de fournir à leurs premiers besoins. » Au pauvre, des secours à domicile ; au malade atteint violemment,

l'hôpital ; à l'infirme, l'hospice ; voilà les maximes nouvelles. Napoléon avait conçu le projet de supprimer la
mendicité, et ses efforts infructueux témoignent aux plus
incrédules de l'impossibilité d'y parvenir.

Contraste étrange ! pendant que le législateur ne cessait
de s'occuper des indigents, la France et l'Europe étaient
déchirées par la guerre, et jamais la population des campagnes, hors les victimes de l'invasion, n'a moins connu
la misère. La prospérité des paysans sous la Révolution
est un fait que tous les contemporains ont signalé.
D'où venait cette soudaine disparition de la misère ?
Aucun des décrets révolutionnaires sur l'indigence n'avait
été appliqué. Il faut chercher d'autres causes et de
plus générales. Jouissant de la remise soudaine des redevances féodales, de la diminution des impôts, de l'affran-
chissement des servitudes qui grevaient la terre, les
cultivateurs ont profité de la hausse sensible des grains et
ont pu acquérir des terres à bas prix. En même temps,
tous les jeunes gens sans ressources s'enrôlaient et partaient
pour la frontière ; les salaires s'élevaient et la misère dis-
paraissait des campagnes, non par suite des décrets, mais
par l'effet de la politique violente de la Convention. Les
guerres de l'Empire, en décimant la jeunesse, en multi-
pliant les levées, produisirent le même résultat : elles
rendirent la main-d'œuvre plus rare, le travail agricole
plus fructueux et ne permirent pas aux mendiants de se
multiplier.

Il y a des heures dans l'existence d'un peuple où il faut,
hélas ! recourir aux moyens extrêmes. La levée en masse,

Situation
des
classes ru[...]
pendan[...]
la Révolut[...]

la solde par l'État de la population entière dans une ville assiégée sont des expédients désespérés qui peuvent supprimer pour un temps l'indigence. Insensés qui voudraient tirer un exemple de ces secousses violentes changeant toutes les conditions de la vie et prendre l'effet de crises passagères pour modèles de lois fixes !

De 1816 à 1817.

Cinquante années de paix devaient donner aux campagnes, avec la sécurité, des causes de prospérité bien autrement solides. Le demi-siècle qui a suivi la chute de l'Empire a été pour les paysans français une ère de transformation lente ; les disettes, qui avaient été la plaie de l'ancien régime, rendues plus rares par l'extension des canaux et des routes allaient disparaître avec les chemins de fer. Le réseau des chemins vicinaux, offrant des débouchés aux communes les plus reculées, leur apportait, avec un échange plus facile des produits, les profits du commerce. Le niveau de l'aisance s'élevait peu à peu. Si le moraliste s'alarmait parfois des progrès du luxe, il était forcé de convenir que le bien-être, la propreté des vêtements et de la demeure, la bonne tenue extérieure était presque toujours le signe du progrès, de la décence et du respect de soi-même. Les caisses d'épargne, là où elles pénétraient, modifiaient heureusement les habitudes ; certaines provinces étaient en retard, elles semblaient étrangères au courant général, mais avec plus d'attention on observait leur transformation : un mouvement continu portait la majorité de la population rurale vers des conditions matérielles qu'elle ne connaissait pas au commencement du XIXᵉ siècle.

Assurément, il y avait toujours des infirmes, des pauvres, des mendiants et des malades ; le problème éternel de la misère et de la maladie s'imposait aux réflexions des philanthropes, mais les années difficiles avaient été de plus en plus rares. De 1816 à 1847, de 1849 jusqu'à la crise actuelle, les périodes de calme avaient été longues.

En même temps, les transformations de l'industrie changeaient toutes les conditions économiques : les villes, dont la population s'augmentait jusque-là avec lenteur, s'accrurent brusquement dans des proportions imprévues. Avec l'encombrement, la misère devenait de plus en plus terrible. Elle prenait un caractère aigu et commandait l'attention des hommes politiques. Plus que jamais, l'indigence des villes faisait oublier les misères des campagnes. Lorsqu'une épidémie éclate, tout le monde parle d'hygiène ; dans une cité industrielle, une grève, un arrêt du travail provoquent l'envoi de secours, l'ouverture de fourneaux, des distributions de pain ou de vêtements.

De nos jours, la crise agricole, en rendant plus difficile l'industrie rurale, a attiré l'attention sur la situation des campagnes. L'Académie a saisi cette occasion de pénétrer dans le fond des choses : elle ne s'est pas contentée d'études hâtives et superficielles ; elle a voulu se faire représenter tous les termes du problème. L'enquête est achevée, il faut en examiner rapidement les conclusions.

La crise agr ramène l'attention la misère rur

Le grand obstacle à l'assistance rurale vient de la dispersion des indigents. Une ville a cent malades qui

2

Ce qu'est
l'indigence
dans un village.

remplissent un hôpital, deux cents vieillards qui peuplent un hospice. Dans une petite commune de 3 à 400 âmes, il n'y a que dix ou vingt pauvres à secourir. C'est une famille de six personnes que le père ne peut parvenir à élever ; ce sont trois ou quatre vieillards infirmes sans famille qui tombent à la charge des voisins ; quelques mendiants qui passent en prélevant un tribut d'aumône sur la route ; ajoutez-y trois ou quatre malades qui ne peuvent payer la visite d'un médecin habitant le chef-lieu de canton. Voilà le bilan de la misère dans les campagnes. Il n'y a donc place dans la commune ni pour un hospice, ni pour un hôpital ; les bâtiments demeureraient vides. Les construire serait une folie ruineuse. Et cependant la maladie est là, la misère existe ; l'une et l'autre ne peuvent attendre.

Rien n'est plus simple, dit toute une école. Que le Gouvernement se charge d'élever les enfants des nombreuses familles ; qu'il ouvre des crèches-internats qui débarrasseront la mère de tous soins, lui permettront d'aider son mari dans les champs ; tous les enfants y seront admis ; les parents aisés paieront une redevance quotidienne ; les pauvres y seront reçus gratuitement. Aux familles nombreuses que l'éducation gratuite ne soulagerait pas suffisamment une pension serait accordée. Les malades ne peuvent-ils payer les visites médicales ? Un médecin cantonal rétribué par l'État, sorte de fonctionnaire public chargé de l'hygiène, les visitera. Les vieillards recevront tous des pensions ou seront transportés à l'hospice le plus proche. Les mendiants seront dirigés vers des ateliers de travail, et, en cas de récidive, la prison les attend. Ainsi, à chaque misère, la puissance publique offrirait un soulagement et un remède. Il n'est pas besoin de lois ; il suffit de quelques décrets et l'indigence disparaîtrait à tout jamais des campagnes.

Peut-être est-il difficile de rencontrer une utopie plus séduisante. Oubliez tout ce que vous savez. Ne songez qu'au malheureux qui souffre : il se représente les maux qui l'accablent et les grossit sans cesse ; il manque de beaucoup de choses : dans son dénuement, il croit manquer de tout. L'État jouant le rôle de Providence laïque, intervient avec son pouvoir sans limites, et panse d'un coup de baguette toutes les blessures. A la gêne, il substitue l'aisance, à l'abandon les soins intelligents, au délabrement d'une chaumière froide et obscure où le vieillard est délaissé, les murs blancs d'un hospice tout reluisant de propreté ; les enfants sans pain et sans chaussures auront de la nourriture et des vêtements. On craignait d'appeler le médecin, il arrive sans qu'il en coûte rien ; on n'a pas même à payer la visite médicale en remerciements à la commune, ce qui obligerait à quelque reconnaissance ; il accomplit le devoir de sa charge, il est envoyé par cet être mystérieux et tout puissant qui guérit tous les maux, qui dispose de tous les budgets, qu'on ne voit pas et qui se nomme, suivant les temps, le Roi, la Nation ou l'État.

Parmi les gens raisonnables qui tiennent ce rêve pour chimérique, et essayent de le démontrer, il en est de plusieurs sortes. Les uns se bornent à dire : « Les dépenses seraient excessives et l'État serait impuissant à les acquitter. La Constituante estimait à 50 millions le budget

Diverses réfutations de cette utopie.

1°
Le budget
n'y suffirait pas.

de l'assistance publique telle qu'elle la concevait. Elle se trompait de moitié. Ce serait bien autre chose aujourd'hui. Les établissements hospitaliers et les bureaux de bienfaisance ont coûté 145 millions en 1883 ; pour organiser le droit à l'assistance, en faire un service public comme celui des aliénés et des enfants assistés, il faudrait une somme double qui irait en croissant d'année en année avec les exigences illimitées qui sont la suite d'un droit reconnu. Le budget de l'État, disent-ils, ne peut assumer de telles charges. C'est un grand malheur pour la société dont on aurait guéri tous les maux. Il faut déplorer notre impuissance et s'en prendre au budget militaire. Sans lui, l'État serait maître de réaliser ces merveilles. La guerre, une fois de plus, met obstacle à la marche de la civilisation. »

2°
L'échec
des poor. laws
en Angleterre
révèle les vices
du système.

D'autres non contents d'entrer en lutte contre des hypothèses invoquent à leur aide l'expérience de l'Angleterre : «Voyez, disent-ils, où les Anglais ont été conduits par un faux principe. Sous Élisabeth, il y a bientôt trois siècles, ils ont établi la taxe des pauvres ; à la suite d'une révolution religieuse qui avait mis à néant toutes les ressources de la charité, la royauté confia aux paroisses le soin des indigents et créa à leur profit un droit. Jamais main plus ferme ne recourut à un moyen plus absolu. Les paroisses armées de la taxe, libres de la proportionner aux besoins, n'avaient qu'à s'inquiéter du soulagement de ceux qui souffraient. C'était bien la baguette magique qu'une fée bienfaisante remettait aux administrations locales. Et pourtant l'échec a été complet. Longtemps contenu par les pouvoirs locaux de l'aristocratie, le principe funeste posé par Élisabeth n'a donné sa mesure qu'à la fin du siècle dernier. La taxe croissant rapidement, atteignait 200 millions en 1817, elle augmentait sans pouvoir remédier aux maux qu'elle devait guérir ; le nombre des pauvres et leurs exigences s'accroissaient plus vite qu'elle. Malgré l'énormité des secours, de tous côtés les indigents présentaient le spectacle de la dernière misère. Le budget local succombait sous le faix, et il semblait que rien ne fût tenté pour fermer une plaie hideuse. » Ainsi du jour où un droit est reconnu à l'indigent, on voit diminuer l'effort qu'il accomplissait pour subvenir à ses besoins ; il était retenu par la crainte de la honte et par l'amour-propre, la loi lui donne le droit de se dire indigent ; dès lors, la volonté capitule. « La charité légale, devons-nous dire avec le comte Duchâtel, en dispensant l'homme des vertus laborieuses et de la prévoyance, ouvre des sources de misère plus abondantes que celles qu'elle peut fermer. » (*De la Charité*, p. 169.)

En 1832, l'application de la loi fut modifiée ; mais le fondement resta le même ; en vain le Parlement multiplia les efforts. Depuis trente ans, on a essayé de tous les expédients, on est parvenu à réduire le nombre des pauvres ; vain effort ! le principe a laissé dans les villages anglais son germe fatal. L'effet du droit au secours est de relâcher sinon de détruire tous les liens d'affection entre parents et enfants. La paroisse s'est si bien évertuée à débarrasser le paysan pauvre de toute sollicitude à l'endroit de ses auteurs qu'il ne semble plus croire qu'aucune obligation lui ait jamais incombé de ce chef ; les preuves surabondent de l'abandon complet où les fils laissent leurs pères qui ne travaillent plus, convaincus comme ils le sont que ce devoir retombe uniquement sur l'Union des paroisses. (1)

L'exemple de l'Angleterre est donc décisif. Il en est de même de tous les pays qui ont eu l'imprudence de constituer un droit et de faire de l'État le débiteur universel. Les finances les plus prospères sont menacées par le droit à l'assistance. Est-ce notre seul grief? et n'avons-nous à opposer à la charité légale que l'argument budgétaire?

3°
Le droit au
secours
paralyse l'ini-
tiative
et ralentit tout
effort.

Nous la condamnons pour des motifs d'un ordre bien plus élevé. La Société humaine tout entière repose, comme l'homme lui-même, sur le travail et sur l'effort. Plus cet effort est considérable et plus l'œuvre accomplie est féconde. Je serai saisi d'admiration en voyant couvert de moisson le champ qu'un paysan sans aide a labouré, ensemencé et soigné à lui seul, tandis que je passerai indifférent devant les terres qu'un agriculteur a fait cultiver par des mercenaires. Je verrai dans un cas un calcul habile, tandis que je sentirai, au delà de la gerbe de blé du pauvre laboureur, une cause intelligente, un effort, une volonté. Décomposez toutes les forces assemblées par la civilisation et réunies en faisceau pour constituer la Société et vous trouverez comme mobile tantôt une sorte d'habitude honnête et

(1) Ces renseignements sont empruntés à l'enquête parlementaire de 1832 (*Report*, p. 59) et à des publications plus récentes. Voyez *the old poor law and the new socialism*, par Montague (Colden-Club). Telle est la permanence des maux produits par la taxe des pauvres, qu'en 1885 le Parlement a ordonné la réimpression de l'enquête de 1832.

suffisante poussant l'homme par une véritable routine, tantôt une impulsion spontanée et native le faisant agir par devoir. L'homme ne vaut que suivant la mesure de ce qu'il crée, à force de dévouement et de sacrifice. L'ouvrier célibataire, n'ayant personne à sa charge, vivant seul, ne travaille trop souvent que pour jouir; il pourra être un habile artisan, il ne sera jamais un grand cœur, un de ces humbles qui font la force d'une famille et dont la réunion fait la force d'une nation. Voyez au contraire ces ouvriers réguliers et actifs dont on vous vante le labeur: cherchez quel mobile les pousse, questionnez le fermier qui les emploie; l'un donne à sa mère infirme la moitié de son salaire, épargnant ce qui lui reste pour s'établir un jour; l'autre a déjà des enfants et en travaillant il ne pense qu'à sa famille; le troisième a perdu son père, et, tout jeune, il élève ses frères et sœurs. Voyez cette enfant qui chemine par les routes: l'an dernier, elle était sur les bancs de l'école, elle a treize ans et elle se rend à la fabrique voisine pour rapporter l'ouvrage achevé la veille et chercher la matière de la journée; qui la pousse à un tel effort? son père est malade; sa mère le soigne, et le salaire qu'elle rapporte fait vivre la famille.

Le travail naît du devoir

Poursuivez votre enquête: interrogez un de ces maîtres d'école âgés, comme il y en a encore, connaissant les enfants, sachant ce qu'ils pensent; il vous dira combien d'entre eux, arrivés à onze ou douze ans, font d'efforts pour terminer leurs classes, poussés par le désir de rapporter à leurs parents pauvres le produit, quel qu'il soit, de leur travail.

Ainsi pères de famille, jeunes gens, enfants, tous sont

entrainés par la pensée de soulager des misères, d'éviter des souffrances à ceux qu'ils aiment, de leur épargner des maux ou l'humiliation d'avouer leur dénuement. Considérés à ce point de vue, le besoin, et la crainte de la pauvreté apparaissent en quelque sorte comme le moteur universel de la société humaine ; ils en sont le lien, ils donnent à la plupart des travailleurs leur raison d'agir. Supprimez-les, affaiblissez seulement la crainte de la pauvreté et vous aurez engourdi l'effort, vous aurez ralenti à tous les degrés l'activité.

Avec l'intervention de l'État disparaissent la nécessité du travail,

Pourquoi les fils travailleraient-ils pour leur mère, si celle-ci est entrée à l'hospice aux frais du département? Pourquoi le père redoublerait-il d'efforts lorsque sa famille s'accroît, si l'État lui donne une pension proportionnelle au nombre de ses enfants? Pourquoi le frère se consacrerait-il à ses jeunes frères orphelins, si, à la mort du père, l'État les a adoptés? Pourquoi l'enfant à peine adolescent aurait-il l'ambition de gagner un salaire, si, en l'absence de son père transporté à l'hôpital, la famille entière est nourrie par la commune?

Le droit au secours n'a donc pas pour seul effet de ruiner les finances publiques; il paralyse le travail en lui enlevant son but: l'assistance mutuelle destinée au salut de la famille.

Nous avons envisagé l'influence du droit au secours sur les travailleurs les plus actifs. Que dire des indolents, des demi-paresseux, de tous ceux qui s'abandonnent et qui se laisseraient aller à tous leurs vices? Il n'est que trop facile de prévoir ce que deviendraient dans chaque village ces médiocres travailleurs le jour où ils ne seraient plus poussés par l'aiguillon du besoin. Le doute n'est donc pas possible ; la charité légale bouleverserait dans les campagnes les conditions du travail.

Le désordre qu'elle produirait dans les classes supérieures ne serait pas moindre. La société est fondée sur un échange de services. Que cet échange vienne à cesser, que les relations soient moins fréquentes et l'harmonie est brisée. Pour la maintenir, chaque famille, chaque individu doit avoir le souci de ses devoirs envers ses semblables. Il ne peut s'isoler sans s'affaiblir. L'égoïsme est naturellement le défaut le plus fatal à l'esprit de société. Voyez de près un homme riche qui habite la campagne, non point en passant, pour le repos de quelques semaines, mais qui réside sur sa terre pendant au moins une moitié de l'année ; mesurez son action, considérez le patronage qu'il exerce autour de lui. Dans la ville, où il vient passer quelques mois, il n'est pas connu de ses plus proches voisins ; ici, il fera travailler des ouvriers, connaîtra les familles, saura le nombre d'enfants, s'intéressera à ceux qui naissent, s'occupera des malades, prendra sa part des douleurs de chaque famille, et, si la misère les atteint, il subviendra à leur détresse. En un mot, il exercera la charité autour de lui, dans la mesure de ses ressources ; il y sera contraint, non par la loi, mais par la vue même des souffrances d'autrui, et cette contrainte à laquelle son cœur cédera sera elle-même un témoignage de sa liberté.

Nul ne peut vivre à la campagne sans se laisser aller à remplir ce ministère de charité ; chacun accomplit cette

et le devoir de patronage.

œuvre suivant ses moyens ; les uns en répandant l'aisance autour d'eux, d'autres en employant une ou deux personnes du village ; mais, quelle que soit la mesure du bienfait, la vue de la misère, dans un hiver difficile, excite les sentiments de tous. Un homme peut dans une cité populeuse vivre égoïste : il ne peut le demeurer longtemps à la campagne. Le contact avec ceux qui souffrent, la vue de leurs besoins, la certitude qu'ils ne pourront vivre s'ils ne trouvent pas à s'occuper, la demande de travail, de toutes les prières du pauvre la plus irrésistible, déterminent ces généreux sacrifices. Entre celui qui a obtenu du travail et celui qui l'a donné, en se privant de quelque luxe, il s'est fait un échange de services qui est le nœud même de la société.

Supposez que le droit au secours soit proclamé, que l'effort vers le travail se ralentisse, le patronage s'en ressentirait. Le pauvre, ne songeant plus qu'à l'État, aurait moins de souci du riche ; celui-ci se confinerait davantage en lui-même ; les classes s'isoleraient au grand péril de la société. Ce qui maintient la paix sociale dans les campagnes, ce qui en fait la règle des relations mutuelles, c'est le sentiment qu'en dehors de cette harmonie des forces, les humbles deviendraient pauvres, les pauvres tomberaient dans la dernière misère.

Soit que l'on considère le budget de l'État, soit que l'on envisage l'ouvrier des campagnes ou le propriétaire agricole, l'établissement de la charité légale doit donc être repoussé. Elle jetterait une perturbation qui amènerait la ruine publique, serait le signal d'une rupture des rapports entre les classes et provoquerait un développement monstrueux de l'égoïsme également funeste aux riches et aux pauvres.

Si le droit au secours doit être repoussé, devons-nous aller à l'extrême, et proscrire toute action de l'État? devons-nous dire que, dans la lutte pour la vie qui met hors de combat les plus faibles, les expulse et ne laisse subsister par sélection que les plus vaillants, la puissance publique ne doit jamais intervenir, parce qu'elle risquerait, en agissant, de contrarier les lois de la nature et de faire vivre le moins robuste tandis qu'il importe à la société qu'il soit éliminé? C'est là une thèse absolue que n'admettent ni la morale ni la véritable économie politique.

L'État, représentant l'union des forces sociales, a des devoirs; ces devoirs sont de la même nature, sinon de la même étendue, que ceux de chaque citoyen. Un voyageur parcourt une route, il aperçoit un homme étendu et malade. En s'arrêtant pour l'assister il accomplit une obligation morale. Peut-on admettre que l'État se désintéresse du sort de ce malheureux? En le faisant transporter par ses agents dans un hôpital, en l'entourant de soins pendant une longue maladie, l'État accomplit son devoir. Est-ce à dire que ce malade ait eu droit à l'assistance de l'État? Nullement, pas plus qu'il n'avait droit à l'assistance du passant. Peut-être était-il domicilié dans le canton; sa famille aurait pu le recueillir, être en mesure de le soigner à domicile, bien qu'incapable de payer des frais d'hôpital. Voilà un cas où l'État s'acquitte d'un devoir sans être astreint à un droit. Quand il reçoit un incurable, un vieillard dans un hospice, il agit, comme le ferait l'homme

Mesure
dans laquel
l'État
peut agir.

bienfaisant qui aurait fondé un hospice, mais il n'obéit pas à une exigence des lois. Assurément on concevrait que l'État n'eut ni hôpital ni hospice, mais on n'admettrait pas qu'il ne fît pas porter un malade ou conduire un infirme abandonné dans un lieu d'asile. S'il est reconnu que l'État a des devoirs de bienfaisance, la question vraiment difficile est donc de savoir quelles en sont les limites. Il est entendu que nous n'admettons ni le droit absolu de l'assisté, ni le désintéressement complet des pouvoirs publics. Où commence, où expire le devoir de l'État ?

Véritable sens du mot État.

Il faut dès le début s'entendre sur le sens du mot État. Il ne signifie pas la société, mais le gouvernement, ce qui est bien différent. Parmi les devoirs de protection mutuelle des hommes entre eux, il y en a un grand nombre que la société exerce par chacun de ses membres sans que le gouvernement s'en mêle. Il s'agit donc de savoir quels sont les actes de bienfaisance qui sont du domaine du gouvernement, en comprenant sous cette expression tous les pouvoirs publics.

Charité individuelle.

Pour le décider en connaissance de cause, il faut se demander d'abord quels sont les actes de charité que peut faire l'individu. Le premier de tous est le don du superflu à celui qui manque du nécessaire. L'homme y trouve une incomparable jouissance et le philosophe y reconnaît le lien social. La religion en a fait la première des vertus. Par le contact entre celui qui souffre et celui qui donne se forme entre le riche et le pauvre le nœud même qui rattache les classes et qui constitue une société. Cette force précieuse doit être entretenue et développée. La charité ne se borne pas à donner de l'argent : elle éprouve le besoin de varier ses bienfaits. Elle cherche toutes les formes de la misère pour trouver leur remède ; elle s'in-génie à guérir tous les maux. La mère de famille sort de son intérieur aisé pour aller visiter la femme en couches succombant sous la misère ; elle lui apporte du lait pour ajouter au sien, des aliments, une layette qu'elle a confec-tionnée avec ses enfants ; quand l'ouvrière reprendra la route de l'atelier, elle portera son enfant à la crèche, puis l'asile recevra plus tard l'enfant capable de marcher et il y passera ses journées jusqu'à l'âge de l'école. Le père tombe de l'échafaud et se blesse : l'hôpital le recevra ; un jour viendra où ses infirmités, la vieillesse, la paralysie, l'obligeront à entrer dans un hospice. Voilà, dans le cours d'une vie, la crèche, l'asile, l'école, l'hôpital, l'hospice qui sont successivement nécessaires. Supposez un aveugle, un sourd-muet, un aliéné dans la famille, voilà autant d'asiles spéciaux à ajouter à la liste.

Assurément on peut imaginer une législation qui per-mette les fondations privées et une ville où chacun de ces établissements ait été créé et soit entretenu par la charité privée. Il existe des législations et des peuples où tous ces services sont dus à de généreux donateurs ; mais ceci ne se voit pas partout. Quand l'initiative privée, sous sa double forme, par l'individu bienfaisant ou par une asso-ciation, n'a pas pourvu aux nécessités de ceux qui souffrent, que faire ? si l'enfant est sans asile, le blessé sans hôpital, le vieillard abandonné sans hospice, à qui recourra-t-on ? La société a un devoir : ce devoir elle ne l'a accompli ni

Action de l'association.

A défaut
de l'individu
et
de l'association,
le
Gouvernement
agit.

par un ni par plusieurs de ses membres : c'est au gouvernement à agir. Laisser périr un enfant, un blessé ou un vieillard serait un acte indigne d'une bonne police, dans le sens le plus haut de l'expression. Le gouvernement emploiera donc le produit de l'impôt à construire des asiles qui recevront les enfants, les vieillards et les malades. Il n'organisera pas de crèches parce que la charité privée y a pourvu. Dans les villes où il trouvera les œuvres établies, il aura le soin de ne pas intervenir. Son action sera discrète : il ne troublera pas ce qui existe, il ne tentera pas une concurrence qui écraserait l'initiative, il se bornera à combler les lacunes.

Comment
M. Thiers a
résumé
cette pensée.

Personne n'a exprimé cette pensée avec plus de force que M. Thiers dans son admirable rapport sur l'assistance publique. Il venait d'énumérer toutes les inspirations de la bienfaisance, tous les mobiles de ces œuvres que la puissance publique devait encourager. « Et puis, disait-il, après les avoir laissés faire, vous État, vous gouvernement, regardez là où la bienfaisance privée n'aura point passé, là où elle aura été insuffisante, et chargez-vous du bien qui n'aura point été accompli. Prenez pour vous la tâche négligée ou inachevée. Rivalisez, soit ; mais ne vous jalousez pas, ne vous contrariez pas. Tous ensemble, cœurs bienfaisants, cœurs pieux, cœurs repentants, tous, individus, Église, État, quand vous aurez réuni vos moyens, vous serez à peine suffisants, non pas pour supprimer la misère (promesse mensongère adressée à l'anarchie), mais pour la diminuer, la diminuer à ce point que la société n'ait pas à rougir d'elle-même.

« Il ne faut donc pas disputer sur le mérite de chaque bienfaisance. Celle qui sort du cœur de l'individu est charmante. Celle que la religion inspire est efficace et vénérable. Celle de l'État sera puissante et éclairée. Qu'elles s'étalent toutes devant Dieu et devant le genre humain, non pour se gêner ou se supplanter, mais pour se compléter, car une seule supprimée ferait faute au malheur, et elle ne serait pas remplacée par celle qui se serait flattée de tout accomplir. Ne retranchons rien, encore un coup, de la bienfaisance de tous et de chacun ; c'est là qu'il ne peut y avoir ni double emploi ni superflu.

« Ainsi, il faut une bienfaisance publique, complément de la bienfaisance privée ou religieuse, agissant là où il reste du bien à accomplir, songeant à tout ce qui n'a pas été fait, pansant les plaies qui sont restées saignantes, et joignant aux vues individuelles, qui peuvent être bornées, les vues d'ensemble, qui embrassent tout parce qu'elles ne préfèrent rien, et que leur sollicitude pour les maux de l'humanité est égale (1). »

Au terme de ce long exposé, votre rapporteur a à peine besoin de résumer les conclusions qui ont inspiré l'examen et le jugement de la Commission. Elles ressortent naturellement de ce qui précède :

Pour tous les maux de l'homme, la charité de l'homme est le remède, non cette charité vulgaire de l'aumône au

Conclusions

(1) Rapport présenté à l'Assemblée législative par M. Thiers, le 26 janvier 1850, au nom de la commission chargée d'examiner les propositions relatives à l'Assistance et à la Prévoyance publiques. — *Discours de M. Thiers*, t. VIII, p. 463.

Individu.

mendiant, mais cette action d'initiative qui, sortie d'un effort personnel, ménage à chaque misère, prépare pour chaque souffrance le remède qui lui est propre ;

Association.

Les forces de l'homme isolé étant insuffisantes pour accomplir une telle mission, il doit les multiplier par l'action collective et toute puissante de l'association ;

Loin de les étouffer dans leur germe ou de les gêner dans leur développement, les lois doivent favoriser la formation de ces êtres collectifs destinés à acquitter un devoir et à resserrer le lien social ;

Gouvernement.

Lorsque ni l'homme, ni l'association ne sont parvenus à subvenir à un besoin, le rôle du gouvernement commence.

Son premier office est de faire des lois qui encouragent l'initiative privée, qui la suscitent, qui groupent les efforts, qui, sous la tutelle supérieure des pouvoirs publics, laissent encore à l'individu son action : aider à la création des bureaux de bienfaisance, attirer les donations qui constitueront leur indépendance et les affranchiront d'une subvention municipale trop souvent oppressive, favoriser la formation de Sociétés de secours mutuels rurales, associer le plus grand nombre de citoyens à l'œuvre d'assistance publique dans les campagnes, établir des commissions locales qui surveilleront le service médical, autoriser au besoin les conseils municipaux à nouer entre eux des relations en vue de l'assistance, tel doit être son rôle.

Si cet effort est insuffisant, si les souffrances se multiplient, si une calamité éclate, le gouvernement devra engager les conseils généraux à étudier l'organisation des secours à domicile, à prendre les mesures urgentes que comportent les misères collectives ; mais le pouvoir local doit seul être mis en mouvement ; le pouvoir central doit s'abstenir de toute action directe.

Ainsi, sans recourir à ces plans grandioses et ruineux qui séduisent les rêveurs et appauvrissent une nation, par l'effort de la liberté, par l'action spontanée de l'individu et des forces sociales, par la religion, par la philantrophie, par l'amour de Dieu et de l'humanité, toutes les améliorations se produiraient peu à peu, sans secousse, sans lutte, allant chercher les lacunes, découvrir les souffrances où elles se cachent, et remédiant aux maux sans décourager celui qui donne et sans humilier celui qui reçoit.

Tels sont les principes qui se dégagent de l'enquête ouverte il y a près de quatre années. S'ils servent à réfuter quelques sophismes, l'Académie n'aura pas rendu aux sciences politiques un médiocre service.

Puissent ces vérités se répandre, puissent-elles paralyser la jalousie, réveiller l'indifférence, susciter à tous les degrés l'action, montrer à l'individu ce qu'il peut pour diminuer les misères rurales par lui-même, ou par l'association, les transformations qu'il lui est donné d'accomplir, les jouissances illimitées qu'il devra à ses créations, en obéissant naturellement à l'impulsion de sa conscience ! mais, s'il n'est pas animé par ce mobile intérieur de tout bien, si le cœur ne l'entraine pas, qu'il regarde alors autour de lui, qu'au spectacle de la société contemporaine il interroge froidement sa raison et qu'il se demande si, en nos temps troublés, la prudence ne lui tient pas le même langage que la vertu !

3

COMPTE RENDU DES MÉMOIRES

Les observations générales que nous venons de présenter ont singulièrement abrégé notre tâche. En rendant compte des mémoires, il nous sera facile de passer rapidement sur les erreurs de principes que les auteurs auront commises.

Les signaler d'un mot suffira pour faire comprendre la pensée de la commission. Suivant un usage consacré, nous rendons compte des travaux des concurrents dans l'ordre de leur imperfection.

Mémoire 3.

Le Mémoire n° 3 est un cahier de 226 pages in-folio d'une grosse écriture et porte pour épigraphe : « *La misère des peuples est un tort des gouvernements.* »

Cette devise, extraite d'un discours de La Rochefoucauld-Liancourt, prononcé le 15 juillet 1790, présente le reflet des illusions de la Constituante et contient en germe toute la théorie de l'intervention de l'État. L'auteur est imprégné des doctrines de Rousseau : « Les hommes, dit-il, sont assujettis à des formes de gouvernement qui, toutes, laissent le regret d'en avoir adopté une. » La partie historique est une analyse froide et sèche des textes relatifs à l'assistance en général au milieu desquels il est difficile de dégager la situation des campagnes. Le tableau de l'état actuel des œuvres de bienfaisance publique présente les mêmes lacunes. Le mémoire se termine par une esquisse d'organisation des secours. Prenant pour modèle les grandes administrations, il place au chef-lieu du département le centre de l'action bienfaisante et met à sa tête un directeur relevant d'un directeur général et assisté d'une commission départementale. Au-dessous d'elle, une commission d'arrondissement et une commission cantonale délibérant auprès d'un agent cantonal complètent le système qui aurait, aux yeux de beaucoup de gens, le mérite de diminuer l'indigence en créant plus de 5,000 places nouvelles.

Votre commission a jugé l'œuvre insuffisante et chimérique.

Le Mémoire n° 6, composé de six cahiers in-folio comprenant au total 1650 pages, a attiré plus longtemps son attention. L'épigraphe « *Laboremus* » convenait à un travail immense qui s'étend à toutes les questions se rattachant de près ou de loin à la misère. L'auteur a perdu de vue dès le début le sujet du concours. Les campagnes qu'il semble ne pas connaître ne fixent pas ses regards. Après avoir dressé en fort bons termes le bilan des causes de l'indigence, au lieu de suivre le plan qu'il semblait s'être tracé, il se lance trop tôt à la poursuite des remèdes, ce qui est le propre des intelligences éprises d'utopie. Engagé dans cette voie, il aborde tout d'abord les problèmes qui se rattachent à l'instruction publique, estimant que la formation d'hommes capables peut prévenir la misère. Cette vue juste en elle-même n'autorisait pas l'auteur à consacrer à cette grave question un long chapitre surchargé de détails inutiles et malheureusement inexacts, à accumuler sans ordre les citations les plus disparates, à signaler comme ennemis de l'instruction des hommes que leur culte de l'éducation populaire a illustrés. La commission n'a pas voulu relever les erreurs matérielles qui fourmillent à chaque page de ce mémoire, et qu'elle n'a pas hésité à attribuer à la négligence des copistes ; mais les lacunes abondent et le défaut d'ordre surprend. L'auteur passe subitement d'un sujet à un autre comme si, au milieu d'une improvisation, son esprit, saisi par une pensée imprévue, l'entraînait à une nouvelle étude. Un chapitre sur l'Angleterre traite, dès les premières lignes, de l'Italie ; un chapitre sur l'administration des secours publics confiés à des laïques est rempli par l'œuvre de Saint-Vincent-de-Paul, des Jésuites et des Chartreux ; l'état de la population de la France en 1789 contient une dissertation sur la liturgie. La description des œuvres de bienfaisance modernes présente le même désordre : tantôt l'auteur résume ce qui se fait avec la précision d'un manuel d'œuvres charitables, tantôt il transcrit des textes, règlements ou statuts, sans les faire suivre de considérations générales qui les rattachent à un ensemble et en fassent comprendre l'objet. En lisant ce mémoire, on demeure confondu de la collection de documents qu'a rassemblée l'auteur, et du nombre de questions qu'il a étudiées trop hâtivement ; il a été partout, a voulu tout voir, croit tout savoir et montre à toute occasion un esprit plus actif que profond ; il a dû courir à travers chaque pays, voir l'Europe en six semaines, remplir ses portefeuilles de textes, les faire traduire à la hâte, les faire copier sans les relire et achever sans repos une œuvre colossale qui demandait un esprit calme et un sens juste. Après de telles prémisses qui remplissaient 1516 pages, que pouvait être la conclusion ? L'auteur réclame la fondation d'une Société du bien public qui réalisera, selon lui, toutes les réformes. La commission propose à l'Académie d'écarter le mémoire n° 6.

Avec le Mémoire n° 7, la commission aborde le compte rendu des ouvrages dignes d'un sérieux examen. Le ma-nuscrit comprend 881 pages in-folio et porte pour épi-graphes ces vers désespérés d'Alfred de Musset : Mémoire 7.

> L'hypocrisie est morte ; on ne croit plus aux prêtres,
> Mais la vertu se meurt ; on ne croit plus à Dieu,

et cette pensée de Bentham : « *Pour certaines sciences, ce qui les répand vaut mieux que ce qui les avance.* »

Un grand nombre de faits, un dépouillement conscien-cieux des statistiques, des notions d'économie politique, de très nombreuses monographies d'institutions charitables devaient faire distinguer l'auteur qui paraît avoir en agri-culture une compétence spéciale. A deux reprises, ses goûts l'emportent et, à propos de la production agricole des différentes régions de la France, il a fait des digressions étendues tout à fait étrangères au sujet. Le morcellement de la propriété et la liberté de tester lui donnent l'occa-sion de montrer qu'il est bien informé et qu'il porte sur les questions délicates des jugements sains. Il est regrettable que l'auteur préfère rendre compte des faits, citer *in extenso* les documents, que d'exercer son propre juge-ment. Il connaît les campagnes : pourquoi n'en parle-t-il pas davantage, et se borne-t-il à décrire l'assistance au point de vue général. Prenons un exemple : il trace un long tableau des Sociétés de secours mutuels en France. Comment ne parle-t-il pas en détails de celles déjà établies dans les campagnes ? Tout l'intérêt, le sujet même du concours est là. Les idées générales semblent exclues par principe. La question capitale, le rôle de la charité communale et de la charité nationale envisagées au point de vue du droit à l'assistance n'est pas même mise en lumière. L'étude sur l'Angleterre est si brève que la taxe des pauvres n'est pas même citée. Les conclusions du Mémoire, précédées d'excursions dans toutes les parties de la France, insistent spécialement sur le code rural, le crédit agricole, les hospices cantonaux, le développement des Sociétés de secours mutuels et des syndicats agricoles. Animé de bonnes intentions, ayant plus d'une fois touché le sujet sans parvevir à s'en emparer, l'auteur a réuni d'intéressants documents, dressé des tableaux utiles et la commission estime qu'il est équitable de lui accorder une mention honorable.

Mémoire 1.   Le Mémoire inscrit sous le n° 1, est un des plus étendus. Le manuscrit forme 1246 pages in-4° sous cet épigraphe : « *Humani nihil a me alienum puto.* »

L'auteur a conscience de la grandeur du sujet et ne se perd pas dans les hors-d'œuvre inutiles. Malheureusement la division qu'il a adoptée est tellement défectueuse qu'elle jette dans tout le travail une confusion irrémédiable et qu'elle rend très pénible la lecture du Mémoire. Au lieu d'étudier successivement le passé et le présent, pour en dégager les conclusions d'avenir, l'auteur a divisé la masse de faits qu'il a fort intelligemment recueillis en trois chapitres consacrés à la charité privée, à l'Association, à l'autorité publique. Cette division, qui devait servir à classer les faits actuels ou les conclusions, altérait toute l'économie du travail, du moment où elle l'inspirait et le dominait exclusivement. En traitant de la charité privée, l'auteur examine d'abord l'indigence due à des causes permanentes qui frappent des populations entières, puis des individus isolés ; il passe aux causes accidentelles qui atteignent des populations entières et des individus isolés. A ces quatre catégories de misères, il oppose les remèdes de la charité privée. Cette ordre amène déjà de regrettables répétitions. Que dire de la reproduction exacte de ces mêmes divisions, quand il aborde les effets de l'Association? et comment aurait-il pu soutenir l'intérêt quand il en renouvelle pour la troisième fois le développement toujours identique et monotone à l'occasion de l'autorité publique? Tout le mémoire se ressent de cette faute initiale et cependant l'auteur a fait d'énormes recherches, a lu tous les ouvrages sur la matière. Si parfois le style est négligé, si en voulant trop dire à la fois, l'auteur allourdit sa phrase, la Commission doit reconnaître les qualités de bon sens et de sincérité qui ne permettent pas d'écarter ce travail. Il connaît les législations étrangères, dont il cite par fragments les dispositions et les apprécie avec un jugement sain. Il est adversaire de l'intervention de l'État et ne perd pas une occasion d'en faire ressortir les dangers. Enfin, il termine cette énorme analyse, par des conclusions sages : il montre sur quelques points ce que peut accomplir la charité privée, et passe en revue les réformes que devrait accomplir l'autorité publique. Il se garde de lui demander plus qu'elle ne doit donner. Ce qu'il propose est juste, mais l'auteur laisse dans l'ombre ou passe sous silence des questions importantes. En résumé, le Mémoire n° 1, représentant un labeur énorme, mais mal ordonné, doit être signalé ; l'auteur, capable d'un travail considérable, mérite d'être encouragé, et la Commission propose de lui accorder une mention très honorable.

Mémoire 8. Le Mémoire n° 8 est beaucoup plus complet. Il est composé de six cahiers in-4° formant 611 pages et porte pour devise : « *Il y aura toujours des pauvres parmi vous.* »

Dans les ouvrages précédents, nous avons rencontré peu de vues personnelles. Ici, elles abondent. L'écrivain a du feu, du talent au service de ses convictions. Le style jaillit d'une source vive : avec tous les mérites de l'improvisation; il en offre parfois les défauts, l'auteur se laissant aller à des digressions souvent inutiles, mais toujours brillantes. La division du sujet est correcte. Les trois premiers cahiers sont consacrés à la partie historique, depuis le xviii° siècle jusqu'à notre temps. Le 4° et 5° contiennent la description des moyens d'assistance employés de nos jours. Le 6° renferme les conclusions. La méthode est telle que le lecteur ne s'égare à aucun moment, et de la première page jusqu'à la dernière, il suit avec facilité une pensée sûre de sa marche.

L'auteur ne s'attarde pas à la description de l'assistance sous l'ancien régime; il a hâte d'arriver à la Révolution et d'exposer les vues des constituants; il connaît à merveille leurs ardeurs, il est aisé de deviner que son cœur les par-

tage et que sa raison seule en repousse les exagérations.
Il admire les rapports du Comité de mendicité, où déborde
l'âme généreuse de Liancourt et conclut avec tristesse :
« les théories étaient très sages, les conclusions imprati-
cables. » Il aurait dû se montrer plus sévère à l'égard
des décrets de la Convention qu'il tient pour le développement naturel de l'œuvre de la Constituante. Il est
encore moins possible de reconnaître dans ces décrets,
« la pensée des pères de l'Église traduite en langage révo-
lutionnaire. » L'auteur voit plus juste quand il montre les
conventionnels hantés par les souvenirs de Sparte, de la
République de Platon et des écrits de Jean-Jacques. Il fait
ressortir habilement le mérite des hommes de ce temps,
qui, les premiers, ont compris la nécessité de faire une
législation générale embrassant aussi bien dans leurs soins
les campagnes que les villes. Mais l'auteur est de ceux qui
voudraient accorder à tous ceux qui souffrent le droit à
l'assistance ; il ne recule que devant les conséquences bud-
gétaires. Avec l'Empire, la Restauration, la Monarchie de
Juillet il fait apparaître à nos yeux, l'organisation de plus
en plus complète de l'assistance administrative. La belle
circulaire de M. de Rémusat recommandant en 1840 les
secours à domicile comme plus favorables à l'esprit de famille que les soins donnés dans les hôpitaux provoque ses
attaques et donne lieu à une défense pleine de verve,
mais excessive, des services hospitaliers ; le jour viendra
où, suivant l'auteur, nul malade ne sera soigné chez
lui. La partie historique se termine par un exposé des
projets pendants actuellement devant les Chambres,

projets inspirés par la Convention; on peut regretter que l'auteur se borne à des critiques d'ordre purement financier.

Le tableau de l'assistance, telle qu'elle fonctionne de nos jours, est fait avec méthode et clarté. Le service des enfants assistés est étudié avec soin et les causes de l'indigence bien observées. Le chapitre sur les œuvres libres de bienfaisance est très court : évidemment l'auteur connaît moins cette partie du sujet et n'a pas été en situation de mesurer l'étendue et la diversité d'une action qui met tous ses efforts à se dérober. Tout ce qui émane de l'initiative individuelle l'inquiète et sa diversité même altère l'ordre tel qu'il l'entend. Il s'est fait une conception idéale très précise et en quelque sorte mathématique de l'assistance qu'il aime à traduire en formule. Tout ce qui ne rentre pas dans le plan, toute action spontanée qui en trouble l'exacte harmonie le blesse.

Après avoir tracé avec talent les obstacles qui s'étaient opposés jusqu'ici au développement de l'assistance dans les campagnes, l'auteur indique les ressources à l'aide desquelles il voudrait créer de toutes pièces une organisation : une caisse centrale où seraient versés les excédents annuels du service hospitalier et des bureaux de bienfaisance alimenterait, à l'aide de prêts remboursables par annuités, la construction d'hôpitaux ruraux et d'infirmeries municipales. Autour de ces maisons se grouperaient les œuvres d'assistance de chaque commune : crèches-internats, dispensaires, fourneaux économiques, vestiaire, hospitalité de nuit. Poursuivie avec persévérance, cette application de capitaux sans emploi ferait sortir de terre des merveilles.

Entraîné par cette création de son esprit, l'auteur veut tirer un premier service des Sociétés de prévoyance qui, selon lui, doivent remplacer dans l'avenir, l'assistance; il emprunte aux Sociétés de secours mutuels la réserve qui dort au fond des caisses publiques (65 millions au 31 décembre 1883). Il crée une fédération de toutes les Sociétés rurales, et avec leurs capitaux il forme le premier fonds d'un crédit agricole; il crée ensuite une fédération de toutes les Sociétés industrielles et il forme un crédit mobilier : nous ne le suivrons pas dans les calculs où son esprit se complaît; il nous suffit de signaler l'effort d'une imagination éprise de réformes, ayant le goût de remuer les idées, mettant autant de vivacité dans ses critiques que de chaleur dans ses plaidoyers, exclusif en ses préférences, habitué dans ses déductions à la recherche de l'absolu, mais se faisant pardonner même de ceux dont il heurte les convictions, tant est sincère et profond son amour de l'humanité. Votre commission ne pouvait songer à lui décerner le prix : toute une partie du sujet, les législations étrangères sont entièrement omises dans le Mémoire. Elle vous propose de lui accorder une récompense de 1,000 francs.

L'auteur du Mémoire n° 5, a autant de bon sens que le précédent a d'imagination. Connaissant à merveille le sujet qu'il traite, il a sur les précédents concurrents l'avantage d'habiter depuis longtemps la campagne ; ayant étudié les misères des paysans, appelé à les soulager dans les conseils

Mémoire 5.

électifs où il siège, il vit au milieu même des questions qu'il traite. Aussi se sent-on dès l'abord en pleine sécurité: ce n'est pas un auteur qui s'efforce de parler une langue récemment apprise, c'est un homme pleinement compétent que nous interrogeons sur ce qu'il sait le mieux, et que nous allons écouter.

Le Mémoire n° 5 comprend deux cahiers in-4° de 562 pages d'une grosse écriture, ayant pour épigraphe cette observation de M. Levasseur: « *Dans une société riche, l'État a le devoir, puisqu'il en a les moyens, de traiter ses indigents et ses invalides mieux qu'il ne le ferait dans une société pauvre.* »

Dès l'introduction on apprend à connaître l'auteur: ne lui demandez pas de notions sur les vœux de la Constituante ou le système de la Convention. Il ne cherche pas à vous dire ce qu'il ignore, mais il vous dira avec une rare netteté ce que son expérience lui a enseigné. Pourquoi l'assistance rurale est-elle à l'état embryonnaire? Mieux qu'aucun autre il nous l'expliquera, non par des théories, mais par une suite d'observations pratiques: d'abord parce que la misère dans les campagnes est moins aiguë que dans les villes, parce que les ressources sont faibles, que la charité isolée et dépourvue de toute action collective y a moins d'influence, parce qu'enfin tout effort bienfaisant des conseils municipaux fait affluer les pauvres, ce qui n'encourage pas les communes.

Les causes de l'indigence dans les campagnes sont analysées avec grand soin, et ce chapitre serait sans tache si les nombreuses familles n'étaient signalées comme une

des causes de la misère; ce fait n'est vrai que pendant
l'enfance ; dès que les fils travaillent et commencent à se-
conder leur père, s'ils sont de bons sujets, la famille est
sauvée, ils assurent son aisance. L'auteur remarque avec
raison que l'indigence est beaucoup moins dure dans les
campagnes que dans les villes : « ce n'est pas le paupérisme,
c'est la pauvreté », dit-il avec finesse ; le relèvement est
toujours possible. Entre le patron et l'ouvrier rural, le
contact crée l'égalité, la distance y est moindre entre le
riche et le pauvre.

A ce tableau succède une comparaison entre le sort de
l'ouvrier rural avant et après 1789. A l'aide d'un heureux
choix d'exemples, l'auteur nous montre l'accroissement
prodigieux des salaires agricoles, les progrès matériels ac-
complis, les disettes supprimées, la perception de l'impôt
moins inégale, l'alimentation plus variée et plus saine.

Le chapitre sur les institutions de prévoyance et leur
effet sur le paysan est plein de sens et d'arguments
nouveaux ; il remarque que la vraie charité dans les campagnes est cette assistance mutuelle qui permet de dire
qu'on ne meurt pas de faim au village. L'organisation et le
fonctionnement des bureaux de bienfaisance ruraux sont
décrits avec le plus grand soin. De tous les concurrents,
l'auteur du Mémoire n° 5 est le plus exact et le mieux informé du mécanisme et de l'application de nos lois admi-
nistratives.

Dans une série de chapitres, l'auteur suit tous les maux
de la misère et de la maladie dans les campagnes. Protection de l'enfance, aveugles, sourds-muets, enfants aban-

donnés et infirmes sont l'objet d'études successives peut-être un peu moins complètes que les précédentes. L'organisation de la médecine rurale et les différents systèmes appliqués donnent lieu à une monographie excellente. Enfin, après quelques mots trop courts sur les législations étrangères, l'auteur expose dans sa conclusion les réformes qu'il souhaite. Adversaire d'une organisation générale de l'assistance dans les campagnes, il soutient avec raison que l'assistance doit demeurer communale : le bureau de bienfaisance doit en être la base ; sans en rendre la création obligatoire, le conseil général refuserait toute subvention aux communes qui ne l'auraient pas organisé. Après avoir constaté que le service des aliénés et des enfants assistés fonctionne à merveille il émet le vœu que les aveugles, les sourds-muets et, ce qui est plus grave, les malades soient tous l'objet de la charité publique. En usant des lits vacants dans les hôpitaux, ce système n'entraînerait pas, suivant lui, à des dépenses excessives. La création de comités cantonaux de bienfaisance chargés non d'administrer, mais de susciter l'initiative, compléterait les réformes.

Malgré ses lacunes, ce Mémoire, dans lequel la question n'est pas perdue de vue un instant, dont les descriptions sont justes et les solutions sages, a paru à votre commission très digne d'obtenir une récompense. Elle vous propose de lui accorder 3,000 francs.

Mémoire 2. Le Mémoire n° 2 forme un gros volume de 749 pages in-4° d'une grosse écriture ayant pour devise : « *Malo periculosam libertatem quam otiosam servitutem.* »

La division ne laisse rien à désirer : le programme est rempli et chacune des parties est en équilibre. C'est jusqu'ici le Mémoire le mieux ordonné. Grâce à une méthode correcte, le lecteur a, dès le début, l'impression d'une œuvre achevée : il lit un livre plutôt qu'un Mémoire manuscrit. Après ces éloges mérités, vous comprendrez que votre rapporteur ne laisse échapper aucune erreur et s'attache à les relever. La question générale de l'assistance préoccupe trop l'auteur : la misère dans les campagnes qui fait l'objet de certains chapitres, n'est pas le but constant de sa pensée : il semble que le problème rural se soit superposé après coup et par un effort d'esprit à un travail déjà fait et de grandes proportions sur la bienfaisance en général. Enfin la conclusion contient des idées très discutables contre lesquelles nous devons mettre en garde.

La partie historique qui précède 1789 est bien faite : les rapports de Liancourt sont analysés, avec le sentiment clairement conçu de la pensée qui les inspirait, mais l'œuvre de la Convention si utile à étudier non comme exemple, mais comme une leçon, est presque omise. Le chapitre consacré à l'assistance des classes rurales au XIX⁰ siècle est écourté· et trahit une rédaction hâtive. Sur les services hospitaliers, les bureaux de bienfaisance et la médecine rurale, nous trouvons douze pages alors que, toutes proportions gardées, cette étude aurait dû en comprendre cent. L'état récent de la législation et la jurisprudence du Conseil d'État doivent être l'objet d'un examen plus précis, et nous avons reconnu des assertions qui, justes il y a dix ans, appellent une rectification.

L'étude des législations étrangères est complète : l'auteur a voulu tout voir de près, il a dépouillé les enquêtes et vérifié les faits. Il divise les nations de l'Europe en plusieurs groupes : l'Angleterre où le droit à l'assistance appuyé sur un impôt spécial constitue la charité légale absolue ; l'Allemagne, le Danemark, et la Suède où le droit aux secours met l'indigence à la charge du pouvoir local ; les autres, où l'assistance des indigents est un devoir librement exercé par l'État ; il examine dans chacun des pays l'influence de la loi d'assistance sur les populations rurales.

Au retour du voyage que nous avons fait avec l'auteur en Europe, comment ne rentrerait-on pas comme lui plus persuadé que jamais de la nécessité d'allier la liberté de la charité, la liberté d'association avec une assistance publique non oppressive, non jalouse, mais partout vigilante ?

Dans une conclusion savante et pleine d'observations justes, l'auteur prend à partie l'intervention abusive de l'État ; il montre l'alliance du despotisme et du socialisme et il résume son opinion en une formule excellente : « Toutes les fois qu'il est question de délimiter les attributions de l'État, c'est-à-dire de l'ensemble des citoyens représentés par le gouvernement, les conseils départementaux ou communaux, il faut se demander si l'initiative privée ou l'association ne peut pas accomplir la fonction dont il s'agit. » L'auteur développe heureusement cette pensée et cite quelques pages de notre éminent confrère, M. Naville, qui sont les plus éloquentes et les plus décisives que nous ayons lues sur cette question.

A la lumière de ces principes, il expose les devoirs généraux de l'État vis-à-vis des classes rurales pour prévenir la misère, il montre ces devoirs d'autant plus impérieux à l'heure où le mouvement ascensionnel des humbles est accéléré par les institutions politiques : il examine l'influence de l'éducation qui ne doit jamais être une arme entre la main des partis, qui pour être morale doit être appuyée sur l'idée de Dieu ; il fait ressortir l'influence des mœurs que la loi doit protéger contre les mauvais livres et de la tempérance menacée par le développement des cabarets. Le tableau de ce que peut l'initiative privée pour prévenir la misère dans les campagnes est excellent : rapports entre les propriétaires et les cultivateurs, bienfaits du métayage qui renaît depuis peu, systèmes variés de crédit agricole, caisses d'épargne, assurances libres, sociétés de secours mutuels, toutes ces questions sont traitées avec justesse, mais un peu hâtivement : à l'aide d'une révision, il sera aisé de réunir des faits plus nombreux et des renseignements plus récents.

Les réformes qu'il propose sont d'ordre différent : il y a en France 1.300 commissions hospitalières ; il en fait le centre local d'assistance d'où rayonnerait l'action charitable, il trace autour d'elles une circonscription de secours, leur attribue les revenus des bureaux de bienfaisance qu'il a le tort de supprimer tout en conservant au profit de la commune l'affectation des ressources et il rattache tous les services ruraux à cette commission composée de délégués des Conseils municipaux. Sur le traitement à domicile des malades, leur admission dans les hôpitaux, l'entrée dans les hospices des vieillards et des incurables, la nécessité d'encourager les donations au lieu de les paralyser par un esprit sectaire, il y a des pages excellentes, que l'auteur affaiblit au lieu de les fortifier par le texte d'un projet de loi dans lequel en voulant trop prévoir, il accumule des détails et soulève des objections.

En résumé, les défauts de ce Mémoire peuvent être corrigés ; tel qu'il se présente à notre jugement, il n'est pas tout à fait achevé et mérite de l'être. C'est une œuvre remarquable, mais incomplète. La Commission vous propose de lui décerner une récompense de 3.000 francs.

Mémoire 4. Le dernier Mémoire dont nous ayons à vous entretenir est inscrit sous le n° 4. Il porte pour épigraphe : « *La loi, en matière d'assistance, fera toujours moins que les mœurs.* » Trois cahiers petit in-4° d'une écriture fine comprennent 680 pages. La méthode est bonne et le travail accompli est considérable. Dans un tableau très complet de l'indigence et de l'assistance rurales au siècle dernier, l'auteur distingue avec soin les maux terribles provenant des disettes ou des ravages de la guerre et montre que dans l'intervalle des crises, les paysans étaient moins misérables que dans les contrées voisines ; il fait la part de la charité privée, de la bienfaisance des monastères, et porte un jugement équitable sur ces efforts qu'il déclare insuffisants parce qu'ils étaient inégaux. De son côté, l'Assistance publique naissait à peine et le Gouvernement agissait par des remèdes isolés comme aurait pu le faire un riche particulier. Les crises sur la production du blé, que notre génération ne connaît plus, obligeaient alors les pouvoirs publics à prendre des mesures dont nous n'avons nulle idée ; quand une population manque de pain, il faut à tout prix sauver la vie des hommes. C'est ce que pensait Turgot ; au milieu de la disette de 1770, il a pris des mesures de salut, fort dures pour les propriétaires et injustifiables en des temps réguliers. L'auteur, en les lui reprochant durement, laisserait croire que, dans ses études si complètes sur l'ancien régime, il a négligé d'approfondir les misères de la famine, leurs maux et leurs conséquences.

L'intervention abusive de l'État alarme avec raison l'auteur du Mémoire n° 4. Nous ne pouvons que le louer d'une conviction que nous tenons pour légitime. Peut-être, dans la forme sinon dans le fond, est-elle par instants un peu ombrageuse. Les raisons sur lesquelles s'appuyent les adversaires du socialisme sont trop solides pour avoir besoin de recourir à certaines vivacités de style et de polémique. Lorsqu'on veut triompher de doctrines fausses, il ne faut pas les voir partout, ni s'irriter trop souvent; ces condamnations risqueraient de perdre quelque autorité.

L'auteur du Mémoire n° 4 avant d'aborder l'histoire de l'Assemblée constituante, expose dans un excellent chapitre l'état de l'opinion à la fin de l'ancien régime et il montre fort bien le torrent qui emportait alors les esprits vers l'ingérence universelle de l'État. Il est donc préparé à tout lire, à tout entendre : dans son analyse des rapports de Liancourt, il fait exactement la part des erreurs économiques que commettent les Membres du Comité de mendicité et des illusions généreuses qui les emportent. A cette œuvre digne de critique et de respect, l'auteur oppose les décrets

de la Convention créant un plan disproportionné et la pensée de cette Assemblée exprimée par la bouche de Barrère
en un langage emphatique qui ferait sourire s'il ne portait
une date sanglante. Le contraste entre les deux époques
est heureusement marqué. L'exposé historique se termine
avec l'avènement du Directoire.

La seconde partie comprend la description de l'indigence
et de l'assistance dans les campagnes en notre siècle. Elle
débute par une histoire de la misère rurale depuis 1790
pleine de faits et d'aperçus ; quand il arrive à nos jours,
l'auteur frappé des inégalités, renonce à tracer un tableau
d'ensemble et commence un tour de France, province par
province, dans lequel il mêle très habilement ses souvenirs
personnels aux observations qu'il emprunte aux meilleurs
témoins et notamment à MM. de Lavergne et Baudrillart.
Le tableau est vivant et laisse une impression durable,
il est écrit avec mesure, et aucune nuance n'est heurtée.

A l'état des misères il oppose les moyens d'assistance ; au
mal, le remède. Les enfants et toutes les mesures spéciales
que commande leur protection, les adultes et les hôpitaux,
l'Assistance médicale sous toutes ses formes, les bureaux
de bienfaisance, les vieillards et les hospices sont l'objet de
monographies spéciales. L'auteur devra se mettre en garde
contre des inexactitudes de détails et revoir certains chiffres
de date trop ancienne. Dans ses descriptions, il ne se borne
pas à peindre froidement ; il combat les abus, indique les
réformes, et chaque fois qu'il trouve sur sa route la charité
privée opprimée, ou l'État prétendant user de sa puissance
pour revendiquer le monopole de la bienfaisance, il entre

en lutte et entame les polémiques les plus vives. Déjà animé ccntre le socialisme, lorsqu'il voit l'État paralyser le bien par son immixtion, il s'emporte. Dans une révision, l'auteur sentira qu'en atténuant l'âpreté des critiques, en vérifiant de très près les jurisprudences qu'il attaque, en s'en prenant plus aux principes qu'aux personnes, il ne fera que donner plus de force à ses jugements.

Il termine la seconde partie par un dépouillement de l'enquête de 1872 que, seul entre les concurrents, il nous donne avec précision.

La troisième partie contient l'assistance à l'étranger : les renseignements semblent moins complets que dans le Mémoire précédent. Le jugement d'ensemble sur la situation des paysans en Europe est tout à l'avantage des campagnes de France. Ni en Angleterre où l'ouvrier rural ne possède pas et n'a pas l'espérance de devenir propriétaire, ni en Allemagne où il possède rarement et vit au jour le jour, sa condition n'approche du paysan français ; celui-ci souffre cependant de certains maux inséparables de l'humanité. Comment y porter remède ?

Il faut se garder d'un remaniement d'ensemble, d'une réorganisation générale, répond l'auteur du Mémoire n° 4. Maintenir à la commune, en conservant le bureau de bienfaisance, la charge des misères locales, créer une assistance cantonale ou par groupes de communes pour les soins médicaux, charger le département avec les enfants assistés et les aliénés, du service des hospices en exigeant le payement des redevances par la commune : tels sont les instruments généraux de l'assistance rurale. La loi peut avoir une influence bienfaisante à la condition de soutenir les mœurs : elle doit entraver les progrès de l'alcoolisme, aider au développement des caisses de retraites et des caisses d'épargne, assurer l'emploi de leurs réserves colossales qui excitent à la dépense au lieu d'être affectées à un usage fructueux, ne pas exagérer les dépenses de travaux publics, développer l'enseignement primaire agricole afin de retenir l'enfant dans les campagnes, étudier le régime des successions pour alléger les frais et éviter la vente en justice de la maison de famille. Tout cela peut se faire et doit exercer une salutaire action ; mais l'auteur nous rappelle que les mœurs ont une bien autre influence que les lois.

Nous devons le dire en terminant : presque tous les maux proviennent de l'oubli d'un devoir : devoir moral, devoir paternel, devoir filial, devoir de tempérance, devoir d'assistance mutuelle. Assurément, il faut tenter des réformes ; mais le véritable remède à nos misères, c'est l'idée du devoir, c'est l'idée de Dieu.

A ce Mémoire qui se rapproche le plus du but marqué par le concours, votre Commission propose de décerner une récompense de 5.000 francs.

Les auteurs des Mémoires récompensés s'étant fait connaître, les plis cachetés joints aux manuscrits ont été ouverts dans les séances des 3 et 10 novembre.

L'auteur du Mémoire n° 4, qui a obtenu une récompense de 5.000 fr., est M. Hubert-Valleroux, avocat à la Cour d'appel de Paris.

L'auteur du Mémoire n° 2, qui a obtenu une récompense de 3.000 fr., est M. Léon Lallemand, avocat à la Cour d'appel de Paris.

L'auteur du Mémoire n° 5, qui a obtenu une récompense de 3.000 fr., est M. Emile Chevalier, membre du Conseil général de l'Oise, professeur d'économie politique à l'Institut national agronomique.

L'auteur du Mémoire n° 8, qui a obtenu une récompense de 1.000 fr. est Mme Clémence Royer, demeurant à Paris.

L'auteur du Mémoire n° 1, qui a obtenu une mention très honorable, est M. Antony Roulliet, avocat, demeurant à Paris.

L'auteur du Mémoire n° 7, qui a obtenu une mention honorable, est M. G. Sannois de Chevert, licencié en droit, demeurant à Paris.

Imp. Paul Girardot, Orléans.

www.ingramcontent.com/pod-product-compliance
Lightning Source LLC
Chambersburg PA
CBHW072020290326
41934CB00009BA/2141